Montesquieu, notre contemporain

« Ah ! ah ! Monsieur est Persan ? C'est une chose bien extraordinaire ! Comment peut-on être Persan ? »

Montesquieu – Charles-Louis de Secondat, baron de La Brède et de Montesquieu (1689-1755) –, propriétaire terrien, digne parlementaire bordelais, mondain impénitent, se rend célèbre en 1721 avec un ouvrage d'une rare insolence, publié anonymement à Amsterdam, les *Lettres persanes*. Une brillante critique de mœurs et une satire virulente du pouvoir politique et religieux, par le biais d'une correspondance fictive, dont les auteurs seraient étrangers, ce qui met le véritable auteur à l'abri des foudres des pouvoirs en place et donne à l'œuvre un parfum d'exotisme.

Les voyageurs de Montesquieu s'intéressent à tout, relèvent les travers des Parisiens, de la cour et des courtisans. Chacun écrit selon ses passions, sa conscience, sa propre liberté, ce qui donne des points de vue divers, un style tantôt vif et déluré, tantôt incisif, grave, passionné, où court le bonheur d'écrire. Alternent ainsi des pages franchement drôles, des réflexions profondes, des surprises qui sont celles d'un étranger « naïf » devant d'étranges coutumes.

Montesquieu ne se risque pas à nommer qui que ce soit du royaume de France : il décrit des archétypes et des fonctions et formule ainsi des généralités en prenant de la distance. À l'inverse, ses Persans sont individualisés, personnalisés, prénommés. Plus que les autres personnages, les voyageurs nous deviennent familiers : Usbek, le plus âgé des deux, morose souvent, idéaliste, réfléchi, jaloux et blasé, exilé de Perse pour avoir dénoncé les « vices » de la cour est en quête d'un savoir ouvert sur le monde. Il observe de près un domaine qu'il connaît bien, le pouvoir, la justice. Mais s'il dénonce le despotisme, il est lui-même prisonnier des traditions et un tyran dans son territoire, le harem. Rica, son compagnon, sans épouse et sans harem, est plus gai, plus libre.

Pour Jean-Jacques Ceccarelli, le guetteur, les Lettres Persanes étaient un vrai projet au sens où l'artiste pouvait s'impliquer pour faire partager, plus qu'une proximité avec l'écrivain ou le poète, une aventure où les questions soulevées étaient d'une actualité très forte. L'important était de donner un climat, une ambiance. Il s'est donc plongé dans le livre. Immergé dans des idées d'une modernité étonnante et toujours plus étonnante au fur et à mesure de la lecture... lecture qui lui a donné appétit pour évoluer à l'intérieur des pages.

Jean-Jacques Ceccarelli entre à pas feutrés dans le livre : les voyageurs ne connaissent pas Paris, le paysage n'est pas encore dessiné : demi-teintes, bleutés. Il utilise ce qui donne sens à la correspondance, le support en buvard, miroir et mémoire de l'écrit. Gouache, crayon, encre, tampon, empreinte : l'artiste a recherché un climat, évolué à l'intérieur des pages, sans jamais céder à la tentation de l'illustration d'une Perse folklorique, attendue ; il respecte son lecteur, le promenant dans l'univers d'un Persan qui découvre Paris.

Le lecteur de ces lettres aura fait un voyage immense. Il aura confronté des morales, des politiques, des religions diverses, ri des situations cocasses, des mœurs parisiennes si proches de celles d'aujourd'hui. Au total, de ces voix multiples se dégagent ce que l'on pourrait appeler une morale universelle, une conduite de tolérance et un principe de justice qui seraient menés par la seule conscience et la seule raison. L'homme des Lumières croyait fermement en ces pouvoirs. Pour cela, et l'immense bonheur de la lecture, c'était un livre important à faire.

Héliane Bernard

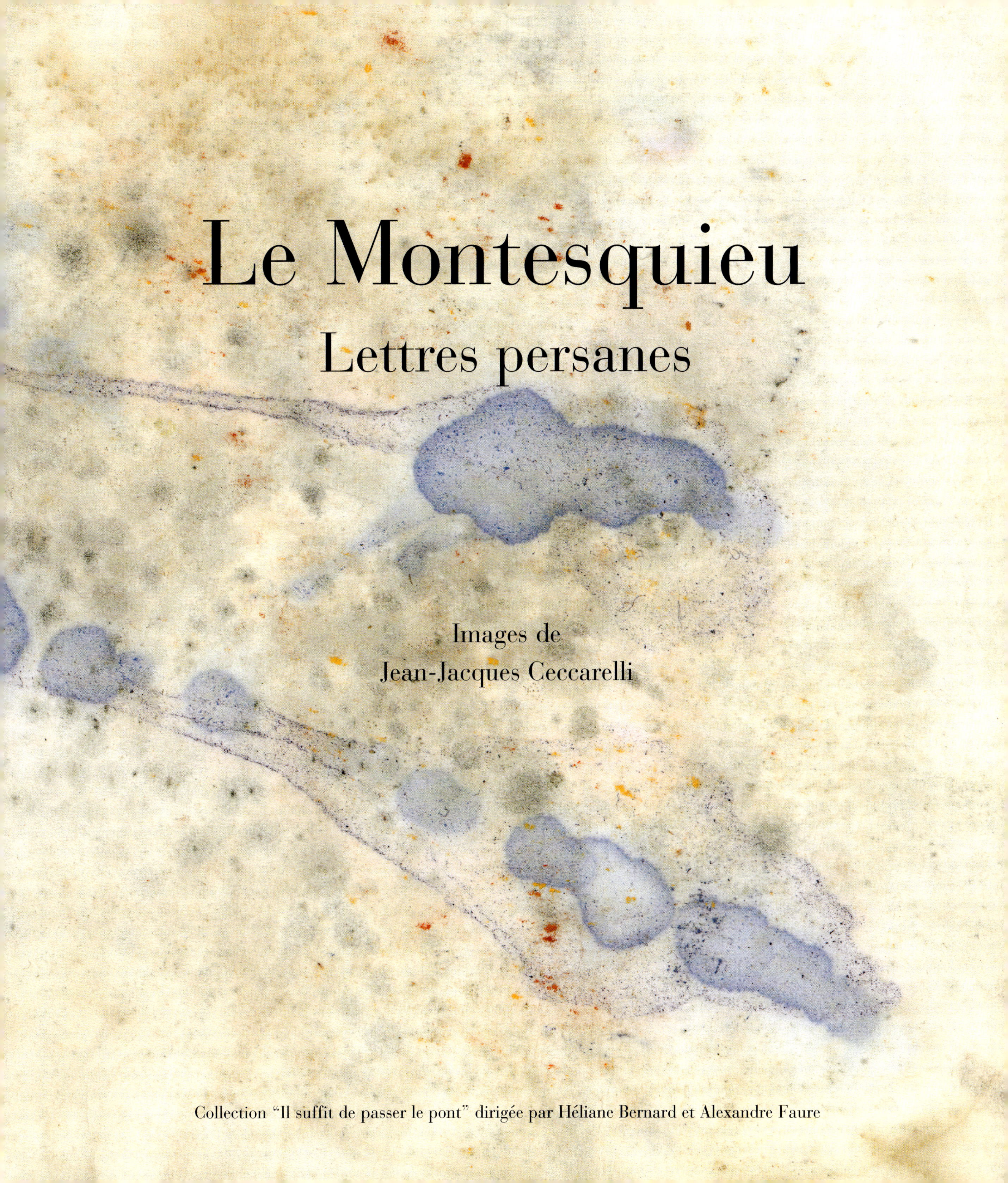

Le Montesquieu

Lettres persanes

Images de
Jean-Jacques Ceccarelli

Collection "Il suffit de passer le pont" dirigée par Héliane Bernard et Alexandre Faure

Lettre Première

Usbek à son ami Rustan

A Ispahan

Rica et moi sommes peut-être les premiers [illegible] que l'envie de savoir ait fait sortir de leur pays, et qui aient [illegible] d'une vie tranquille, pour aller ch[illegible]

Nous sommes nés dans [illegible] pas cru que ses bornes fussent celles [illegible] dût seule nous [illegible]

Mande-moi ce qu'on [illegible] je ne compte pas sur un grand n[illegible] où je séjournerai quelque temps [illegible] qu'en quelque lieu du monde [illegible] fidèle.

[illegible] le 15 de la lune de Saphar 1711

Usbek à son ami Rustan

À Ispahan

Rica et moi sommes peut-être les premiers, parmi les Persans, que l'envie de savoir ait fait sortir de leur pays, et qui aient renoncé aux douceurs d'une vie tranquille, pour aller chercher laborieusement la sagesse.

Nous sommes nés dans un royaume florissant ; mais nous n'avons pas cru que ses bornes fussent celles de nos connaissances, et que la lumière orientale dût seule nous éclairer.

Mande-moi ce que l'on dit de notre voyage ; ne me flatte point : je ne compte pas sur un grand nombre d'approbateurs. Adresse ta lettre à Erzeron, où je séjournerai quelque temps. Adieu, mon cher Rustan. Sois assuré qu'en quelque lieu du monde où je sois, tu as un ami fidèle.

De Tauris, le 15 de la lune de Saphar 1711

Fatmé à Usbek

À Erzeron

Il y a deux mois que tu es parti, mon cher Usbek ; et, dans l'abattement où je suis, je ne puis pas me le persuader encore. Je cours tout le sérail, comme si tu y étais ; je ne suis point désabusée. Que veux-tu que devienne une femme qui t'aime ; qui était accoutumée à te tenir dans ses bras ; qui n'était occupée que du soin de te donner des preuves de sa tendresse ; libre par l'avantage de sa naissance, esclave par la violence de son amour ?

Quand je t'épousai, mes yeux n'avaient point encore vu le visage d'un homme : tu es le seul encore dont la vue m'ait été permise* : car je ne mets pas au rang des hommes ces eunuques affreux, dont la moindre imperfection est de n'être point hommes. Quand je compare la beauté de ton visage avec la difformité du leur, je ne puis m'empêcher de m'estimer heureuse. Mon imagination ne me fournit point d'idée plus ravissante, que les charmes enchanteurs de ta personne. Je te le jure, Usbek ; quand il me serait permis de sortir de ce lieu, où je suis enfermée par la nécessité de ma condition ; quand je pourrais me dérober à la garde qui m'environne ; quand il me serait permis de choisir parmi tous les hommes qui vivent dans cette capitale des nations ; Usbek, je te le jure, je ne choisirais que toi. Il ne peut y avoir que toi dans le monde qui mérite d'être aimé. [...]

Tu ne le croirais pas, Usbek ; et il est impossible de vivre dans cet état ; le feu coule dans mes veines. Que ne puis-je t'exprimer ce que je sens si bien ! et comment sens-je si bien ce que je ne puis t'exprimer ? Dans ces moments, Usbek, je donnerais l'empire du monde pour un seul de tes baisers. Qu'une femme est malheureuse d'avoir des désirs si violents, lorsqu'elle est privée de celui qui peut seul les satisfaire ; que, livrée à elle-même, n'ayant rien qui puisse la distraire, il faut qu'elle vive dans l'habitude des soupirs et dans la fureur d'une passion irritée ; que, bien loin d'être heureuse, elle n'a pas même l'avantage de servir à la félicité d'un autre ; ornement inutile d'un sérail, gardée pour l'honneur, et non pas pour le bonheur de son époux ! [...]

Adieu, mon cher Usbek, adieu. Compte que je ne vis que pour t'adorer : mon âme est toute pleine de toi ; et ton absence, bien loin de te faire oublier, animerait mon amour, s'il pouvait devenir plus violent.

Du sérail d'Ispahan,
le 12 de la lune de Rebiab, 1, 1711

* Les femmes persanes sont beaucoup plus étroitement gardées que les femmes turques et les femmes indiennes.

gras & Filet
Côtes
Jambon
Épaule
Ventre,
Poitrine
Tête
Jambonneau
Pieds

Méhémet-Ali, serviteur des prophètes, à Usbek

À Erzeron

Vous nous faites toujours des questions qu'on a faites mille fois à notre saint prophète. Que ne lisez-vous les traditions des docteurs* ? Que n'allez-vous à cette source pure de toute intelligence ? Vous trouveriez tous vos doutes résolus. [...]

Le Juif Abdias Ibesalon* lui demanda [à notre Saint Prophète] pourquoi Dieu avait défendu de manger de la chair de pourceau. Ce n'est pas sans raison, répondit Mahomet : c'est un animal immonde ; et je vais vous en convaincre. Il fit sur sa main, avec de la boue, la figure d'un homme ; il la jeta à terre, et lui cria : « Levez-vous. » Sur-le-champ, un homme se leva, et dit : « Je suis Japhet, fils de Noé. — Avais-tu les cheveux aussi blancs quand tu es mort ? », lui dit le saint prophète. « Non, répondit-il : mais, quand tu m'as réveillé, j'ai cru que le jour du jugement était venu ; et j'ai eu une si grande frayeur, que mes cheveux ont blanchi tout à coup. »

« Or çà, raconte-moi, lui dit l'envoyé de Dieu, toute l'histoire de l'arche de Noé. » Japhet obéit, et détailla exactement tout ce qui s'était passé les premiers mois ; après quoi, il parla ainsi :

« Nous mîmes les ordures de tous les animaux dans un côté de l'arche : ce qui la fit si fort pencher, que nous en eûmes une peur mortelle ; surtout nos femmes, qui se lamentaient de la belle manière. Notre père Noé ayant été au conseil de Dieu, il lui commanda de prendre l'éléphant, et de lui faire tourner la tête vers le côté qui penchait. Ce grand animal fit tant d'ordures, qu'il en naquit un cochon. Croyez-vous, Usbek, que, depuis ce temps-là, nous nous en soyons abstenus, et que nous l'ayons regardé comme un animal immonde ?

Mais, comme le cochon remuait tous les jours ces ordures, il s'éleva une telle puanteur dans l'arche, qu'il ne put lui-même s'empêcher d'éternuer ; et il sortit de son nez un rat, qui allait rongeant tout ce qui se trouvait devant lui : ce qui devint si insupportable à Noé, qu'il crut qu'il était à propos de consulter Dieu encore. Il lui ordonna de donner au lion un grand coup sur le front, qui éternua aussi, et fit sortir de son nez un chat. Croyez-vous que ces animaux soient encore immondes ? Que vous en semble ?*

Quand donc vous n'apercevez pas la raison de l'impureté de certaines choses, c'est que vous en ignorez beaucoup d'autres, et que vous n'avez pas la connaissance de ce qui s'est passé entre Dieu, les anges et les hommes. Vous ne savez pas l'histoire de l'éternité ; vous n'avez point lu les livres qui sont écrits au ciel ; ce qui vous en a été révélé n'est qu'une petite partie de la bibliothèque divine : et ceux qui, comme nous, en approchent de plus près, tandis qu'ils sont en cette vie, sont encore dans l'obscurité et les ténèbres. Adieu. Mahomet soit dans votre cœur. »

De Com,
le dernier de la lune de Chahban 1711

* Traduction mahométane.

Rica à Ibben

À Smyrne

Le pape est le chef des Chrétiens. C'est une vieille idole, qu'on encense par habitude. Il était autrefois redoutable aux princes même ; car il les déposait aussi facilement que nos magnifiques sultans déposent les rois d'Irimette et de Géorgie. Mais on ne le craint plus. Il se dit successeur d'un des premiers chrétiens, qu'on appelle saint Pierre : et c'est certainement une riche succession ; car il a des trésors immenses, et un grand pays sous sa domination.

Les évêques sont des gens de loi qui lui sont subordonnés et ont, sous son autorité, deux fonctions bien différentes. Quand ils sont assemblés, ils font, comme lui, des articles de foi. Quand ils sont en particulier, ils n'ont guère d'autre fonction, que de dispenser d'accomplir la loi [...]

J'ai ouï dire qu'en Espagne et au Portugal, il y a de certains dervis qui n'entendent point raillerie, et qui font brûler un homme comme de la paille. Quand on tombe entre les mains de ces gens-là, heureux celui qui a toujours prié Dieu avec de petits grains de bois à la main, qui a porté sur lui deux morceaux de drap attachés à deux rubans, et qui a été quelquefois dans une province qu'on appelle la Galice ! Sans cela, un pauvre diable est bien embarrassé. Quand il jurerait, comme un païen, qu'il est orthodoxe, on pourrait bien ne pas demeurer d'accord des qualités, et le brûler comme hérétique ; il aurait beau donner sa distinction, point de distinction ; il serait en cendres avant que l'on eût seulement pensé à l'écouter.

Les autres juges présument qu'un accusé est innocent ; ceux-ci le présument toujours coupable [...]

Heureuse la terre qui est habitée par les enfants des prophètes ! Ces tristes spectacles y sont inconnus*. La sainte religion que les anges y ont apportée se défend par sa vérité même ; elle n'a point besoin de ces moyens violents pour se maintenir.

De Paris,
le 4 de la lune de Chalval 1712

*** Les Persans sont les plus tolérants de tous les mahométants.**

Rica au même

À Smyrne

Les habitants de Paris sont d'une curiosité qui va jusqu'à l'extravagance. Lorsque j'arrivai, je fus regardé comme si j'avais été envoyé du ciel : vieillards, hommes, femmes, enfants, tous voulaient me voir. Si je sortais, tout le monde se mettait aux fenêtres ; si j'étais aux Tuileries, je voyais aussitôt un cercle se former autour de moi ; les femmes même faisaient un arc-en-ciel nuancé de mille couleurs, qui m'entourait : si j'étais aux spectacles, je trouvais d'abord cent lorgnettes dressées contre ma figure : enfin, jamais homme n'a tant été vu que moi. Je souriais quelquefois d'entendre des gens qui n'étaient presque jamais sortis de leur chambre, qui disaient entre eux : « Il faut avouer qu'il a l'air bien Persan. » Chose admirable ! je trouvais de mes portraits partout ; je me voyais multiplié dans toutes les boutiques, sur toutes les cheminées, tant on craignait de ne m'avoir pas assez vu.

Tant d'honneurs ne laissent pas d'être à charge : je ne me croyais pas un homme si curieux et si rare ; et, quoique j'aie très bonne opinion de moi, je ne me serais jamais imaginé que je dusse troubler le repos d'une grande ville, où je n'étais point connu. Cela me fit résoudre à quitter l'habit persan, et à en endosser un à l'européenne, pour voir s'il resterait encore, dans ma physionomie, quelque chose d'admirable. Cet essai me fit connaître ce que je valais réellement. Libre de tous les ornements étrangers, je me vis apprécié au plus juste. J'eus sujet de me plaindre de mon tailleur, qui m'avait fait perdre, en un instant, l'attention et l'estime publique ; car j'entrai tout à coup dans un néant affreux. Je demeurais quelquefois une heure dans une compagnie, sans qu'on m'eût regardé, et qu'on m'eût mis en occasion d'ouvrir la bouche. Mais, si quelqu'un, par hasard, apprenait à la compagnie que j'étais Persan, j'entendais aussitôt autour de moi un bourdonnement : « Ah ! ah ! monsieur est Persan ? C'est une chose bien extraordinaire ! Comment peut-on être Persan ? »

De Paris,
le 6 de la lune de Chalval 1712

Zélis à Usbek

À Paris

Jamais passion n'a été plus forte et plus vive que celle de Cosrou, eunuque blanc, pour mon esclave Zélide ; il la demande en mariage avec tant de fureur, que je ne puis la lui refuser. Et pourquoi ferais-je de la résistance, lorsque sa mère n'en fait pas, et que Zélide elle-même paraît satisfaite de l'idée de ce mariage imposteur, et de l'ombre vaine qu'on lui présente ?

Que veut-elle faire de cet infortuné, qui n'aura d'un mari que la jalousie ; qui ne sortira de sa froideur que pour entrer dans un désespoir inutile ; qui se rappellera toujours la mémoire de ce qu'il a été, pour la faire souvenir de ce qu'il n'est plus ; qui, toujours prêt à se donner, et ne se donnant jamais, se trompera, la trompera sans cesse, et lui fera essuyer à chaque instant tous les malheurs de sa condition ? [...]

Quel mépris ne doit-on pas avoir pour un homme de cette espèce, fait uniquement pour garder, et jamais pour posséder ? Je cherche l'amour, et je ne le vois pas.

Je te parle librement, parce que tu aimes ma naïveté, et que tu préfères mon air libre et ma sensibilité pour les plaisirs, à la pudeur feinte de mes compagnes.

Je t'ai ouï dire mille fois que les eunuques goûtent avec les femmes une sorte de volupté, qui nous est inconnue ; que la nature se dédommage de ses pertes ; qu'elle a des ressources qui réparent le désavantage de leur condition ; qu'on peut bien cesser d'être homme, mais non pas d'être sensible ; et que, dans cet état, on est comme dans un troisième sens, où l'on ne fait, pour ainsi dire, que changer de plaisirs.

Si cela était, je trouverais Zélide moins à plaindre. C'est quelque chose de vivre avec des gens moins malheureux.

Donne-moi tes ordres là-dessus, et fais-moi savoir si tu veux que le mariage s'accomplisse dans le sérail. Adieu.

Du sérail d'Ispahan,
le 5 de la lune de Chalval 1713

Le chef des eunuques noirs à Usbek

À Paris

Je suis dans un embarras que je ne saurais t'exprimer, magnifique seigneur : le sérail est dans un désordre et une confusion épouvantable : la guerre règne entre tes femmes : tes eunuques sont partagés : on n'entend que plaintes, que murmures, que reproches : mes remontrances sont méprisées : tout semble permis dans ce temps de licence : et je n'ai plus qu'un vain titre dans le sérail. [...]

Veux-tu que je te découvre, magnifique seigneur, la cause de tous ces désordres ? Elle est toute dans ton cœur, et dans les tendres égards que tu as pour elles. Si tu ne me retenais pas la main : si, au lieu de la voie des remontrances, tu me laissais celle des châtiments : si, sans te laisser attendrir à leurs plaintes et à leurs larmes, tu les envoyais pleurer devant moi, qui ne m'attendris jamais, je les façonnerais bientôt au joug qu'elles doivent porter, et je lasserais leur humeur impérieuse et indépendante.

Enlevé, dès l'âge de quinze ans, du fond de l'Afrique ma patrie, je fus d'abord vendu à un maître, qui avait plus de vingt femmes, ou concubines. [...] J'entrai dans ce sérail, qui fut pour moi un nouveau monde. Le premier eunuque, l'homme le plus sévère que j'aie vu de ma vie, y gouvernait avec un empire absolu. On n'y entendait parler ni de divisions, ni de querelles : un silence profond régnait partout : toutes ces femmes étaient couchées à la même heure d'un bout de l'année à l'autre, et levées à la même heure : elles entraient dans le bain tour à tour, elles en sortaient au moindre signe que nous leur en faisions : le reste du temps, elles étaient presque toujours enfermées dans leurs chambres. Il avait une règle qui était de les tenir dans une grande propreté, et il avait pour cela des attentions inexprimables : le moindre refus d'obéir était puni sans miséricorde. [...]

C'est sous ce grand maître que j'appris l'art difficile de commander, et que je me formai aux maximes d'un gouvernement inflexible : j'étudiai sous lui le cœur des femmes ; il m'apprit à profiter de leurs faiblesses, et à ne point m'étonner de leurs hauteurs. [...] « Voilà, disait-il d'un air content, comme il faut gouverner les femmes : leur nombre ne m'embarrasse pas ; je conduirais de même toutes celles de notre grand monarque. Comment un homme peut-il espérer de captiver leur cœur, si les fidèles eunuques n'ont commencé par soumettre leur esprit ? » [...]

Il se servait des unes pour connaître les autres, et il se plaisait à récompenser la moindre confidence. Comme elles n'abordaient leur mari que lorsqu'elles étaient averties, l'eunuque y appelait qui il voulait, et tournait les yeux de son maître sur celles qu'il avait en vue. [...] Il avait persuadé à son maître qu'il était du bon ordre qu'il lui laissât ce choix, afin de lui donner une autorité plus grande. Voilà comme on gouvernait, magnifique seigneur, dans un sérail qui était, je crois, le mieux réglé qu'il y eût en Perse.

Laisse-moi les mains libres : permets que je me fasse obéir : huit jours remettront l'ordre dans le sein de la confusion : c'est ce que ta gloire demande, et que ta sûreté exige.

De ton sérail d'Ispahan,
le 9 de la lune de Rebiab, 1, 1714

Rica à Ibben

À***

Je me trouvai l'autre jour dans une compagnie, où je vis un homme bien content de lui. Dans un quart d'heure, il décida trois questions de morale, quatre problèmes historiques, et cinq points de physique. Je n'ai jamais vu un décisionnaire si universel ; son esprit ne fut jamais suspendu par le moindre doute. On laissa les sciences ; on parla des nouvelles du temps : il décida sur les nouvelles du temps. Je voulus l'attraper, et je dis en moi-même : « Il faut que je me mette dans mon fort ; je vais me réfugier dans mon pays. » Je lui parlai de la Perse : mais, à peine lui eus-je dit quatre mots, qu'il me donna deux démentis, fondé sur l'autorité de messieurs Tavernier et Chardin. « Ah, bon Dieu ! dis-je en moi-même, quel homme est-ce là ? Il connaîtra tout à l'heure les rues d'Ispahan mieux que moi ! » Mon parti fut bientôt pris : je me tus, je le laissai parler, et il décide encore.

De Paris, le 8 de la lune de Zilcadé 1715

Usbek à Rhédi

À Venise

À Paris, règnent la liberté et l'égalité. La naissance, la vertu, le mérite même de la guerre, quelque brillant qu'il soit, ne sauve pas un homme de la foule dans laquelle il est confondu. La jalousie des rangs y est inconnue. On dit que le premier de Paris est celui qui a les meilleurs chevaux à son carrosse.

Un grand seigneur est un homme qui voit le roi, qui parle aux ministres, qui a des ancêtres, des dettes et des pensions. S'il peut, avec cela, cacher son oisiveté par un air empressé, ou par un feint attachement pour les plaisirs, il croit être le plus heureux de tous les hommes.

En Perse, il n'y a de grand, que ceux à qui le monarque donne quelque part au gouvernement. Ici, il y a des gens qui sont grands par leur naissance ; mais ils sont sans crédit. Les rois sont comme ces ouvriers habiles, qui, pour exécuter leurs ouvrages, se servent toujours des machines les plus simples.

La faveur est la grande divinité des Français. Le ministre est le grand prêtre, qui lui offre bien des victimes. Ceux qui l'entourent ne sont point habillés de blanc : tantôt sacrificateurs, et tantôt sacrifiés, ils se dévouent eux-mêmes à leur idole avec tout le peuple.

De Paris,
le 9 de la lune de Gemmadi, 2, 1715

Le premier eunuque à Usbek

À Paris

Il est arrivé ici beaucoup de femmes jaunes du royaume de Visapour : j'en ai acheté une pour ton frère le gouverneur de Mazenderan, qui m'envoya, il y a un mois, son commandement sublime et cent tomans.

Je me connais en femmes, d'autant mieux qu'elles ne me surprennent pas, et qu'en moi les yeux ne sont point troublés par les mouvements du cœur.

Je n'ai jamais vu de beauté si régulière, et si parfaite : ses yeux brillants portent la vie sur son visage, et relèvent l'éclat d'une couleur qui pourrait effacer tous les charmes de la Circassie.

Le premier eunuque d'un négociant d'Ispahan la marchandait avec moi : mais elle se dérobait dédaigneusement à ses regards, et semblait chercher les miens, comme si elle avait voulu me dire qu'un vil marchand n'était pas digne d'elle, et qu'elle était destinée à un plus illustre époux.

Je te l'avoue : je sens dans moi-même une joie secrète, quand je pense aux charmes de cette belle personne : il me semble que je la vois entrer dans le sérail de ton frère : je me plais à prévoir l'étonnement de toutes ses femmes ; la douleur impérieuse des unes ; l'affliction muette, mais plus douloureuse, des autres ; la consolation maligne de celles qui n'espèrent plus rien, et l'ambition irritée de celles qui espèrent encore.

Je vais, d'un bout du royaume à l'autre, faire changer tout un sérail de face. Que de passions je vais émouvoir ! que de craintes et de peines je prépare ! [...]

Du sérail d'Ispahan,
le 8 de la lune de Zilhagé 1716

Rica à Rhédi

À Venise

Je trouve les caprices de la mode, chez les Français, étonnants. Ils ont oublié comment ils étaient habillés cet été ; ils ignorent encore plus comment ils le seront cet hiver : mais, surtout, on ne saurait croire combien il en coûte à un mari, pour mettre sa femme à la mode.

Que me servirait de te faire une description exacte de leur habillement et de leurs parures ? Une mode nouvelle viendrait détruire tout mon ouvrage, comme celui de leurs ouvriers ; et, avant que tu eusses reçu ma lettre, tout serait changé.

Une femme qui quitte Paris, pour aller passer six mois à la campagne, en revient aussi antique que si elle s'y était oubliée trente ans. Le fils méconnaît le portrait de sa mère ; tant l'habit, avec lequel elle est peinte, lui paraît étranger : il s'imagine que c'est quelque Américaine qui y est représentée, ou que le peintre a voulu exprimer quelqu'une de ses fantaisies.

Quelquefois les coiffures montent insensiblement, et une révolution les fait descendre tout à coup. Il a été un temps que leur hauteur immense mettait le visage d'une femme au milieu d'elle-même : dans un autre, c'étaient les pieds qui occupaient cette place ; les talons faisaient un piédestal qui les tenait en l'air. Qui pourrait le croire ? les architectes ont été souvent obligés de hausser, de baisser, et d'élargir leurs portes, selon que les parures des femmes exigeaient d'eux ce changement ; et les règles de leur art ont été asservies à ces caprices. [...]

Il en est, des manières et de la façon de vivre, comme des modes : les Français changent de mœurs, selon l'âge de leur roi. Le monarque pourrait même parvenir à rendre la nation grave, s'il l'avait entrepris. Le prince imprime le caractère de son esprit à la cour, la cour à la ville, la ville aux provinces. L'âme du souverain est un moule qui donne la forme à toutes les autres.

De Paris, le 8 de la lune de Saphar 1717

R

Rica à Ibben

À Smyrne

J'ai vu le jeune monarque. Sa vie est bien précieuse à ses sujets : elle ne l'est pas moins à toute l'Europe, par les grands troubles que sa mort pourrait produire. Mais les rois sont comme les dieux ; et, pendant qu'ils vivent, on doit les croire immortels. Sa physionomie est majestueuse, mais charmante : une belle éducation semble concourir avec un heureux naturel, et promet déjà un grand prince.

On dit que l'on ne peut jamais connaître le caractère des rois d'Occident, jusqu'à ce qu'ils aient passé par les deux grandes épreuves, de leur maîtresse, et de leur confesseur. On verra bientôt l'un et l'autre travailler à se saisir de l'esprit de celui-ci ; et il se livrera, pour cela, de grands combats. [...]

Lorsque j'arrivai en France, je trouvai le feu roi absolument gouverné par les femmes : et cependant, dans l'âge où il était, je crois que c'était le monarque de la terre qui en avait le moins besoin. [...] Ces femmes ont toutes des relations les unes avec les autres, et forment une espèce de république, dont les membres toujours actifs se secourent et se servent mutuellement : c'est comme un nouvel État dans l'État : et celui qui est à la cour, à Paris, dans les provinces, qui voit agir des ministres, des magistrats, des prélats, s'il ne connaît les femmes qui les gouvernent, est comme un homme qui voit bien une machine qui joue, mais qui n'en connaît point les ressorts. [...]

On se plaint, en Perse, de ce que le royaume est gouverné par deux ou trois femmes : c'est bien pis en France, où les femmes en général gouvernent, et non seulement prennent en gros, mais même se partagent en détail toute l'autorité.

De Paris, le dernier de la lune de Chalval 1717

JOURNAL
L'ILLUSTRAT
J'ai vu...
de
IMAGES
VOIR
Voix

Usbek à ***

Il y a une espèce de livres que nous ne connaissons pas en Perse, et qui me paraissent ici fort à la mode : ce sont les journaux. La paresse se sent flattée, en les lisant : on est ravi de pouvoir parcourir trente volume en un quart d'heure. [...]

Je ne sais, ***, quel mérite il y a à faire de pareils ouvrages : j'en ferais bien autant, si je voulais ruiner ma santé, et un libraire.

Le grand tort qu'ont les journalistes, c'est qu'ils ne parlent que des livres nouveaux : comme si la vérité était jamais nouvelle. Il me semble que, jusqu'à ce qu'un homme ait lu tous les livres anciens, il n'a aucune raison de leur préférer les nouveaux.

Mais, lorsqu'ils s'imposent la loi de ne parler que des ouvrages encore tout chauds de la forge, ils s'en imposent une autre, qui est d'être très ennuyeux. Ils n'ont garde de critiquer les livres dont ils font les extraits, quelque raison qu'ils en aient : et, en effet, quel est l'homme assez hardi, pour vouloir se faire dix ou douze ennemis tous les mois ?

La plupart des auteurs ressemblent aux poètes, qui souffriront une volée de coups de bâton sans se plaindre ; mais qui, peu jaloux de leurs épaules, le sont si fort de leurs ouvrages, qu'ils ne sauraient soutenir la moindre critique. Il faut donc bien se donner de garde de les attaquer par un endroit si sensible ; et les journalistes le savent bien. Ils font donc tout le contraire : ils commencent par louer la matière qui est traitée ; première fadeur : de là ils passent aux louanges de l'auteur ; louanges forcées : car ils ont affaire à des gens qui sont encore en haleine, tout prêts à se faire faire raison, et à foudroyer, à coups de plume, un téméraire journaliste.

De Paris,
le 5 de la lune de Zilcadé 1718

Rica à Usbek

Rica relate à Usbek le conte persan qu'il a fait parvenir à une dame de la cour : un homme, Ibrahim, était d'une jalousie féroce. Sa cruauté était telle qu'un jour l'une de ses douze femmes, Anaïs, lui reprocha ses mauvais traitements. Fou de colère, Ibrahim la tue. Elle rejoint alors le séjour des délices où les femmes, entourées, servies, aimées, jouissent d'un bonheur éternel.

Mais Anaïs, dont l'esprit était vraiment philosophe, [...] ne put s'empêcher de s'attendrir sur le malheur de ses compagnes : on est sensible à des tourments que l'on a partagés. [...]

Elle donna ordre à un de ces jeunes hommes, qui étaient auprès d'elle, de prendre la figure de son mari ; d'aller dans son sérail, de s'en rendre maître, de l'en chasser ; et d'y rester à sa place, jusqu'à ce qu'elle le rappelât.

L'exécution fut prompte : il fendit les airs, arriva à la porte du sérail d'Ibrahim, qui n'y était pas. Il frappe ; tout lui est ouvert ; les eunuques tombent à ses pieds. Il vole vers les appartements où les femmes d'Ibrahim étaient enfermées. Il avait, en passant, pris les clefs dans la poche de ce jaloux, à qui il s'était rendu invisible. Il entre, et les surprend d'abord par son air doux et affable ; et, bientôt après, il les surprend davantage par ses empressements, et par la rapidité de ses entreprises. Toutes eurent leur part de l'étonnement ; et elles l'auraient pris pour un songe, s'il y eût moins de réalité.

Pendant que ces nouvelles scènes se jouent dans le sérail, Ibrahim heurte, se nomme, tempête et crie. Après avoir essuyé bien des difficultés, il entre, et jette les eunuques dans un désordre extrême. Il marche à grands pas ; mais il recule en arrière, et tombe comme des nues, quand il voit le faux Ibrahim, sa véritable image, dans toutes les libertés d'un maître. Il crie au secours ; il veut que les eunuques lui aident à tuer cet imposteur : mais il n'est pas obéi. Il n'a plus qu'une bien faible ressource ; c'est de s'en rapporter au jugement de ses femmes. Dans une heure, le faux Ibrahim avait séduit tous ses juges. L'autre est chassé, et traîné indignement hors du sérail ; et il aurait reçu la mort mille fois, si son rival n'avait ordonné qu'on lui sauvât la vie. [...] Et un instant après le faux Ibrahim [...] le prit, le transporta dans les airs, et le laissa à deux mille lieues de là.

Ô dieux ! dans quelle désolation se trouvèrent ces femmes, dans l'absence de leur cher Ibrahim ! Déjà leurs eunuques avaient repris leur sévérité naturelle : toute la maison était en larmes. [...] Enfin, le céleste Ibrahim revint, toujours plus aimable ; il leur parut que son voyage n'avait pas été pénible. Le nouveau maître prit une conduite si opposée à celle de l'autre, qu'elle surprit tous les voisins. Il congédia tous les eunuques, rendit sa maison accessible à tout le monde : il ne voulut pas même souffrir que ses femmes se voilassent. C'était une chose singulière de les voir, dans les festins, parmi des hommes, aussi libres qu'eux. Ibrahim crut, avec raison, que les coutumes du pays n'étaient pas faites pour des citoyens comme lui. Cependant il ne se refusait aucune dépense : il dissipa avec une immense profusion les biens du jaloux, qui, de retour trois ans après des pays lointains où il avait été transporté, ne trouva plus que les femmes, et trente-six enfants.

De Paris, le 26 de la lune de Gemmadi 1720

Solim à Usbek

À Paris

Je me plains, magnifique seigneur, et je te plains : jamais serviteur fidèle n'est descendu dans l'affreux désespoir où je suis. Voici tes malheurs et les miens ; je ne t'en écris qu'en tremblant.

Je jure, par tous les prophètes du ciel, que, depuis que tu m'as confié tes femmes, j'ai veillé nuit et jour sur elles ; que je n'ai jamais suspendu un moment le cours de mes inquiétudes. J'ai commencé mon ministère par les châtiments ; et je les ai suspendus, sans sortir de mon austérité naturelle.

Mais que dis-je ? Pourquoi te vanter ici une fidélité qui t'a été inutile ? Oublie tous mes services passés ; regarde-moi comme un traître ; et punis-moi de tous les crimes que je n'ai pu empêcher.

Roxane, la superbe Roxane, ô ciel ! à qui se fier désormais ? Tu soupçonnais Zélis, et tu avais pour Roxane une sécurité entière : mais sa vertu farouche était une cruelle imposture ; c'était le voile de sa perfidie. Je l'ai surprise dans les bras d'un jeune homme, qui, dès qu'il s'est vu découvert, est venu sur moi ; il m'a donné deux coups de poignard : les eunuques, accourus au bruit, l'ont entouré : il s'est défendu longtemps, en a blessé plusieurs ; il voulait même rentrer dans la chambre, pour mourir, disait-il, aux yeux de Roxane. Mais enfin, il a cédé au nombre, et il est tombé à nos pieds.

Je ne sais si j'attendrai, sublime seigneur, tes ordres sévères. Tu as mis ta vengeance en mes mains ; je ne dois pas la faire languir.

Du sérail d'Ispahan,
le 8 de la lune de Rebiab, 1, 1720

Roxane à Usbek

Dans les lettres précédentes, Usbek apprend que son sérail est en plein désordre. À sa demande, le maître des eunuques, Solim, sévit très violemment. Roxane se plaint à Usbek : « L'horreur et l'épouvante règnent dans le sérail ». Zachi et Zélis crient à Usbek leur innocence, alors que quelques jours plus tard, Solim découvre l'infidélité de Roxane et que cette dernière, dans une dernière lettre à Usbek, dévoile ses vrais sentiments...

À Paris

Oui, je t'ai trompé ; j'ai séduit tes eunuques ; je me suis jouée de ta jalousie ; et j'ai su, de ton affreux sérail, faire un lieu de délices et de plaisirs.

Je vais mourir ; le poison va couler dans mes veines : car que ferais-je ici, puisque le seul homme qui me retenait à la vie n'est plus ? Je meurs ; mais mon ombre s'envole bien accompagnée : je viens d'envoyer devant moi ces gardiens sacrilèges, qui ont répandu le plus beau sang du monde.

Comment as-tu pensé que je fusse assez crédule pour m'imaginer que je ne fusse dans le monde que pour adorer tes caprices ? que, pendant que tu te permets tout, tu eusses le droit d'affliger tous mes désirs ? Non : j'ai pu vivre dans la servitude ; mais j'ai toujours été libre : j'ai réformé tes lois sur celles de la nature ; et mon esprit s'est toujours tenu dans l'indépendance.

Tu devrais me rendre grâce encore du sacrifice que je t'ai fait ; de ce que je me suis abaissée jusqu'à te paraître fidèle ; de ce que j'ai lâchement gardé dans mon cœur ce que j'aurais dû faire paraître à toute la terre ; enfin, de ce que j'ai profané la vertu, en souffrant qu'on appelât de ce nom ma soumission à tes fantaisies.

Tu étais étonné de ne point trouver en moi les transports de l'amour : si tu m'avais bien connue, tu y aurais trouvé toute la violence de la haine.

Mais tu as eu longtemps l'avantage de croire qu'un cœur comme le mien t'était soumis : nous étions tous deux heureux ; tu me croyais trompée, et je te trompais.

Ce langage, sans doute, te paraît nouveau. Serait-il possible qu'après t'avoir accablé de douleurs, je te forçasse encore d'admirer mon courage ? Mais, c'en est fait, le poison me consume, ma force m'abandonne ; la plume me tombe des mains ; je sens affaiblir jusqu'à ma haine : je me meurs.

Du sérail d'Ispahan,
le 8 de la lune de Rebiab, 1, 1720

ALBUMS DADA

Dans la collection « Il suffit de passer le pont »

Le La Fontaine
Le Sévigné
Le Prévert
Le Rimbaud
Le Verlaine
Le Baudelaire
Le Boby Lapointe
La Poésie arabe
Le Rabelais
Le Brassens
Le Trenet
Le Gainsbourg
La Chanson d'amour
Le Desnos
Le Van Gogh- Lettres
Le Vian
Le Apollinaire
La Poésie chinoise
Le Brel
La Poésie médiévale
Le René Char

À paraître

Le Barbara
La Poésie surréaliste
Le Hugo
Le Francis Ponge

Dans la collection « Abécéd'art »

Le Bestiécédaire

Dans la collection « L'œil et le mot »

Picasso, l'œil et le mot

À paraître

John Lennon, l'œil et le mot
Nelson Mandela, l'œil et le mot

Dans la collection « Allons-Z'enfants »

La Déclaration Universelle des Droits de l'Homme

Dans la collection « D'une image à l'autre »

Ça commence aujourd'hui,
d'après le film de Bertrand Tavernier